ESENCIA CÓSMICA

CAPRICORNIO

Leo Kabal

Editorial ⊙ Creación

Temática: Astrología, Horóscopo, Angelología
Colección: Esencia Cósmica

© Leo Kabal
© Editorial Creación
Jaime Marquet, 9
28200 - San Lorenzo de El Escorial
(Madrid)
Tel.: 91 890 47 33
http://www.editorialcreacion.com
http://editorialcreacion.blogspot.com/

Diseño de portada: Mejiel

Primera edición: mayo de 2013
ISBN: 978-84-15676-35-5
Depósito Legal: M-14526-2013

CONTENIDO

INTRODUCCIÓN

Saber hoy a ciencia cierta cuándo empezó la Humanidad a interesarse por los astros y cuáles fueron las bases de lo que se conoce como Astrología, es una tarea difícil, por no decir imposible.

No obstante, cuando miramos hacia atrás en el tiempo intentando buscar un origen, encontramos que la mayoría de los pueblos de la antigüedad tenían muy en cuenta las posiciones planetarias a la hora de tomar decisiones importantes. Todo el mundo creía en ella y los reyes tenían a sus propios astrólogos, a los que consultaban para tomar las decisiones relevantes.

Aunque la ciencia astrológica se remonta más atrás en el tiempo, los doce signos astrológicos, tal como los conocemos hoy, aparecieron en Babilonia, en el siglo V a. C. Este sistema consiste en la división del cielo en doce partes iguales de 30 grados cada uno.

Pero signos y constelaciones no son lo mismo, aunque muchos hayan querido confundir los términos para desacreditar a los astrólogos y la Astrología. Expliquemos la diferencia.

La Eclíptica es el círculo imaginario que atraviesa el Sol en su recorrido anual aparente alrededor de la Tierra, aunque en realidad se trata de una proyección en los cielos de la linea imaginaria que dibuja la Tierra en su movimiento de traslación (recorrido anual alrededor del Sol).

A un lado y otro de la Eclíptica hay una franja celeste denominada Zodiaco, dentro de la cual permanecen el Sol, la Luna y los planetas. En esta franja hay doce constelaciones cuyos nombres son los mismos que el de los doce signos. Pero a diferencia de los signos, las constelaciones tienen una longitud desigual, es decir, no miden 30 grados cada una, sino que unas miden más y otras, menos.

Hay algunos astrólogos que afirman que primero fueron los signos y después vinieron las constelaciones. Es decir, los signos fueron dados a la humanidad primitiva por inspiración. Después, el hombre buscó algo semejante en los cielos y encontró las constelaciones.

Sea como fuere, lo importante es que los signos astrológicos y las constelaciones de estrellas no son lo mismo. Los signos son sectores del Zodiaco de 30 grados cada uno y las constelaciones tienen una longitud diferente. Además, debido a la precesión de los equinoccios, tampoco coinciden en el comienzo de la primavera, cuando el Sol cruza el ecuador celeste, sino que, en ese punto, el Sol cruza el grado cero de Aries en lo referente a los signos, mientras que en lo referente a las constelaciones, varía. Ese es el motivo de que cuando el Sol se encuentra en el signo de Aries, actualmente lo hace en la constelación de Piscis. Es también la base para afirmar que la Humanidad está actualmente en la Era de Piscis y camina hacia la Era de Acuario.

Pero en lo referente a los signos, esto no debe preocuparnos, ya que siguen siendo los mismos, y las fechas en las que rigen cada uno de ellos permanecen invariables.

Según algunos astrólogos modernos, la Astrología no es solo un sistema de predicción, sino que comprende la esencia cósmica de la cual todos nos nutrimos tanto material como espiritualmente. De hecho, los nombres de los doce signos corresponden a doce entidades espirituales que se ocupan de hacernos llegar la energía con la que construimos y desarrollamos nuestra existencia.

En el principio de los tiempos, al iniciar la creación de nuestro Sistema Solar, Dios trazó un espacio, de donde tomó la esencia para que su obra creciera y se multiplicara. Este espacio es conocido con el nombre de Zodiaco. De este Zodiaco procede la esencia que ha dado forma a todo lo que existe hoy en nuestro Sistema Solar, incluidos nosotros.

De lo que antecede podemos deducir que el Zodiaco es mucho más importante de lo podría parecer a primera vista, pues sin él no existiría nada en nuestro universo solar.

Vemos así que el Zodiaco marca la evolución de la Humanidad a través de los signos conocidos como Aries, Tauro, Géminis, Cáncer, Leo, Virgo, Libra, Escorpio, Sagitario, Capricornio, Acuario y Piscis. Cada individuo debe renacer constantemente en los distintos signos para evolucionar mediante las vivencias que cada uno le aporta.

Así, en el sentido cósmico, cuando nacemos en Aries, traemos al mundo un nuevo designio divino, un proyecto original, que iremos desarrollando a través de las distintas etapas, es decir, en las distintas encarnaciones por las que hemos de pasar. La rueda astrológica se convierte así en la rueda de los renacimientos a través de los cuales evolucionamos desde la inconsciencia hacia la omnisciencia. La meta es convertirnos algún día en dioses creadores. El orden evolutivo sigue un orden distinto del de la rueda astrológica, que como sabemos es Aries, Tauro, Leo, etc., hasta Piscis.

En el orden cósmico primero es el Fuego: Aries, Leo y Sagitario. Segundo, el Agua: Cáncer, Escorpio y Piscis. Tercero, el Aire: Libra, Acuario y Géminis. Y por último, la Tierra: Capricornio, Tauro y Virgo.

Este sería el orden lógico en la evolución. O sea, primero encarnaríamos en los signos de Fuego, luego en los de Agua, etc. Y, al llegar al último signo de Tierra: Virgo habríamos culminado nuestra evolución y adquirido todas las experiencias necesarias para llegar a ser dioses creadores. Pero este orden fue roto porque los hombres no fuimos capaces de asimilar las energías divinas tal como se nos iban proporcionando. De esta forma, unas veces fuimos hacia adelante y otras hacia atrás, unas veces avanzando y otras quedándonos rezagados.

Por este motivo, tenemos que culminar varios ciclos desde Aries a Virgo antes de alcanzar la perfección, pero ahora ya no seguimos el orden primordial: Fuego, Agua, Aire y Tierra, sino que, debido al estancamiento en algunas etapas, tenemos que volver a ellas de nuevo. Por eso, en una encarnación podemos nacer en Aries, mientras que en la siguiente lo hacemos en Tauro o Libra, dependiendo de los trabajos pendientes de realizar que hayamos dejado en el camino.

El signo del horóscopo bajo el cual hemos nacido marca únicamente el lugar del sol en nuestra carta natal. Para un estudio más profundo, cada lector debe recurrir a la interpretación de su carta astral completa, porque ella le descubrirá muchos más aspectos de su personalidad y su trabajo en la vida presente que el estudio simple del signo bajo el cual ha nacido. Aunque sin duda el sol en un horóscopo marca el lugar donde se instala nuestro Yo en la presente encarnación para poder llevar a cabo su programa de vida marcado por las demás tendencias de nuestra carta de nacimiento. Por ese motivo, cualquier estudio sobre él es de la máxima importancia. Más adelante, si el lector lo desea, podrá estudiar su carta con profundidad y desarrollar su potencial en todos los aspectos. Mientras tanto, le ofrecemos este pequeño estudio para que pueda conocerse un poco más y aprenda a conducirse de acuerdo con la energía de los astros para hacer su vida un poco más llevadera.

Capricornio
Acuario
Piscis
Aries
Tauro
Géminis
Cáncer
Leo
Virgo
Libra
Escorpio
Sagitario

♑

CAPRICORNIO

22 de diciembre al 20 de enero

Guardián de la Ley Cósmica

Elemento: Tierra

Símbolo: ♑

Color: Negro, gris oscuro

Planeta regente: Saturno

Gemas: Ónix negro, hulla

Metal: Plomo

Día de la semana: Sábado

Números de la suerte: 8 y 10

Imagen medieval de Capricornio.
(Libro de Horas del siglo XIV).

Imagen medieval de Saturno, planeta regente de
Capricornio y Acuario.
De Sphaera.

SÍMBOLOS DE CAPRICORNIO Y SATURNO

♑ ♄

La figura simbólica son los cuernos del macho cabrío y la cola del delfín: ♑, También se representa mediante la figura del animal. Está regido por Saturno. Simboliza la muerte aparente de la Naturaleza y el apogeo de la energía espiritual. Es en Capricornio cuando nace Cristo, cuando el Sol, símbolo de la vida, se aleja el máximo posible del hemisferio norte y el invierno parece que va a acabar con la vida en esa parte de la tierra, entonces comienza a ascender de nuevo y se produce un nuevo nacimiento. En este sentido, Capricornio simboliza la muerte y la vida, el fin de un ciclo y el comienzo de otro.

En Saturno tenemos una cruz sobre un semicírculo: ♄. Lo material (la cruz) encima, pero aquí está sobre el alma (el semicírculo), que forma una trinidad con el espíritu y el cuerpo. Podemos interpretar que el egoísmo predomina sobre el bien, los deseos se inclinan hacia el materialismo. Saturno en un horóscopo representa, entre otras cosas, al materialista. Digamos que, en sentido positivo, el individuo se aleja de lo espiritual para estudiar a fondo la materia y encontrar la quintaesencia que lo mueve, que será, ni más ni menos, el alma de las cosas.

ALEGORÍA DE CAPRICORNIO

... Y era de mañana cuando Dios se puso ante sus doce hijos e implantó en cada uno la semilla de la vida humana, Cada hijo, uno a uno, dio un paso adelante para recibir el don que se le había destinado.

—A ti, CAPRICORNIO, te pido el sudor de tu frente, que puedas enseñar a los hombres a trabajar. Tu tarea no es sencilla, pues sentirás todos los trabajos de los demás encima de tus espaldas, pero como compensación a tus cargas pongo LA RESPONSABILIDAD del hombre en tus manos.

Y Capricornio volvió a su lugar.

Entonces Dios dijo:

—Cada uno de vosotros tiene una parte de Mi Idea. No confundáis esta parte con la totalidad de Mi Idea, ni intentéis cambiaros las partes entre vosotros. Porque cada uno de vosotros es perfecto, pero eso no lo sabréis hasta que los doce seáis uno. En este momento, Mi Idea, en su totalidad, será revelada a cada uno de vosotros.

Y los hijos se fueron, decidiendo cada cual hacer su trabajo lo mejor posible, para poder recibir su don. Pero ninguno comprendió totalmente su tarea ni su don, y cuando volvieron confusos, Dios les dijo:

—Cada cual cree que los otros dones son mejores. Así, pues, os permitiré intercambiarlos.

Y, de momento, cada hijo se entusiasmó considerando todas las posibilidades de su nueva misión. Pero Dios se sonrió diciendo:

—Volveréis a mí muchas veces, pidiendo que os releve de vuestra misión, y cada vez os concederé vuestro deseo. Pasaréis por incontables encarnaciones antes de que cumpláis la misión original que os he prescrito. Os concedo un tiempo ilimitado para llevarlo a cabo, y sólo cuando lo hayáis conseguido podréis estar conmigo.

PERSONALIDAD

En Capricornio empieza la etapa práctica de todos los ciclos anteriores, en los cuales se ha trabajado el Fuego (Aries, Leo y Sagitario), el Agua (Cáncer, Escorpio y Piscis) y el Aire (Libra, Acuario y Géminis). Ahora comienza el ciclo de Tierra, que es eminentemente práctico. Por eso utilizará todo lo aprendido anteriormente para aplicarlo en la realidad y ver si las teorías pueden llevarse a la práctica.

Será serio, disciplinado, sujeto a las leyes y organizativo. En su interacción con la sociedad nunca actuará a lo loco, sino que planificará cada una de las cosas que se propone alcanzar.

Hace constantes progresos en la vida y aspira a llega a lo más alto, aunque haya empezado desde lo más bajo y humilde. Camina con paso firme y regular hasta conseguir los objetivos que se ha propuesto.

Se comporta ante la sociedad de una forma madura y responsable y, por tal motivo es requerido para las tareas de responsabilidad.

Su alto sentido de la responsabilidad y del deber le llevan asumir a veces algunas responsabilidades que no le corresponden.

Es conservador y prefiere seguir las leyes y la moral establecida en la sociedad antes que intentar cambiarla.

En el vestido suele adoptar una actitud más bien conservadora, evitando las ropas informales que le puedan hacer aparecer ante los demás como algo frívolo.

En las relaciones de amistad y de pareja es muy cercano y se muestra bastante fiel. Escoge muy bien a las personas con las que quiere compartir su vida, pero cuando se le ofende no suele olvidar fácilmente. No se entrega a los demás hasta estar seguro de que las personas que ha elegido no le van a defraudar.

Es prudente, reservado y nunca opinará a la ligera de cualquier cosa, sino que antes meditará profundamente lo que tiene que decir.

Es poco dado al derroche y al gasto inútil en todos los sentidos. Siempre buscará la utilidad de todo lo que compra.

No valora demasiado el ocio y la diversión, y antepone su profesión a todo lo demás, llegando incluso a dedicarle hasta el poco tiempo libre del que dispone. Pero, sin embargo, cuando se van de marcha, se puede llegar a mostrar de una forma totalmente materialista y mundana, cosa que chocará a cuantos le conocen y le habían puesto la etiqueta de serio y responsable.

Los demás suelen verle como una persona fría, reservada y poco accesible, aunque él no se verá de este modo, pues en su interior anida un torrente de emociones, que no exteriorizará, pero que pensará que los demás podrán verlas tan bien como él.

CUALIDADES A DESARROLLAR

Responsabilidad.
Reflexión.
Perseverancia.
Diplomacia.
Paciencia.
Tacto.
Prudencia.
Seriedad.
Práctica.
Perfeccionismo.

DEFECTOS A SUPERAR

Pesimismo.
Melancolía.
Rencor.
Frialdad.
Crueldad.
Desconfianza.
Arrogancia.
Rigidez.
Carácter reservado.
Represión.

AMOR Y COMPATIBILIDAD

Capricornio es un signo sujeto a la influencia de Saturno. Por tal motivo, en el amor se muestra prudente, reservado, tímido, poco demostrativo de cariño y poco comunicativo, en general.

Estas disposiciones presentan algunos problemas a la hora de la relación de pareja, ya que supondrá un freno en todos aquellos que quieran acercarse a él.

Los que logren traspasar estas barreras, le acusarán de falta de sensibilidad y de incomprensión ante las emociones ajenas. También de falta de entusiasmo y de excesiva rigidez.

Sin embargo, con algunos signos puede llegar a entenderse muy bien y aportarles seguridad y protección en la vida de pareja.

Los signos de Tierra son los más compatibles con Capricornio, ya que comparten los mismos objetivos y afinidades.

Los signos de Agua también se complementarán perfectamente, ya que encontrarán en su pareja la estabilidad y la protección que necesitan para apaciguar sus sentimientos, lo que puede dar lugar a una relación duradera y próspera.

En cambio, con los signos de Fuego sentirán que la Tierra de Capricornio aplaca su entusiasmo; y los signos de Aire se encontrarán limitados y verán restringidas sus ansias de libertad.

Es bastante difícil que un Capricornio se entregue a la vida amorosa, al sentimentalismo o al arrebato emocional descuidando otras responsabilidades que, desde su punto de vista, son más importantes, como el trabajo y las responsabilidades familiares y sociales.

Antes de entregarse a una aventura amorosa debe estar bien seguro y medirá sus pasos al milímetro. Meditará bien si le conviene o no y tendrá mucho tacto y diplomacia a la hora de plantear relaciones a alguien, ya que sus pretensiones de pareja buscan la estabilidad y la tranquilidad en una relación duradera. Huirá de todas aquellas personas que solo deseen pasar un buen rato o una relación pasajera.

Sin embargo, cualquiera que entable una relación de pareja con Capricornio, si otros elementos de su carta astral no lo impiden, puede estar bien seguro de que le guardará fidelidad. Esta es para él muy importante, ya que sin ella se vendrá abajo todo lo que se ha construido en el terreno familiar y de pareja.

CAPRICORNIO - ARIES

En principio, la influencia de Fuego y Tierra no son compatibles, por lo que puede ser causa de algunas dificultades a la hora de adaptarse el uno al otro.

La impulsividad, impaciencia y entusiasmo del signo de Aries, pueden verse de golpe frenados y contrariados por la prudencia, paciencia, y forma de ser calculadora y reservada de Capricornio.

Si a uno (Aries) le gusta hacer las cosas rápidas, al otro (Capricornio) le gusta ir más lentamente y calculando los riesgos. Por este motivo, nunca se pondrán de acuerdo con la hora de llevar a la práctica sus proyectos.

En el amor, el Aries tendrá que luchar contra el exceso de convencionalismo y respeto por las leyes sociales de Capricornio; y Capricornio no soportará la impulsividad y alocada forma de ver las cosas de Aries.

Para una relación estable, Aries debe ser capaz de apreciar y respetar las virtudes de Capricornio y tenerle como alguien con quien se puede contar en todo momento; y Capricornio debe descubrir y apreciar la forma de ser optimista y estimulante de Aries para hacerle la vida más alegre y divertida.

CAPRICORNIO - TAURO

Es una relación compatible, ya que los dos son signos de Tierra y persiguen objetivos comunes. La fortaleza y seguridad de Tauro puede atraer a Capricornio, Y la seriedad, la fidelidad y la estabilidad de

Capricornio atraerán a Tauro. Entre ellos puede entablarse una relación profunda, tranquila y estable si cada cual se entrega al otro sacando lo mejor de sí mismo.

Hay algunos puntos, sin embargo, en el que podría no haber tanta armonía. Se trata del tema sentimental. Tauro tiene a Venus, el planeta del amor y la sensualidad como planeta regente; Capricornio tiene al serio y restrictivo Saturno. Por tanto, puede haber tiranteces si Tauro se interesa demasiado por los placeres sexuales, pues Capricornio no le seguirá el ritmo, ya que para él estarán en un segundo plano.

Esta actitud de Capricornio puede actuar como una auténtica ducha fría para Tauro, así como el exceso de sensualidad de Tauro puede llegar a irritar a Capricornio.

Si quieren evitar esto, deben ceder ambos. Tauro debe mostrarse menos sensual, y Capricornio menos restrictivo.

CAPRICORNIO - GÉMINIS

Son dos naturalezas incompatibles. Capricornio es un signo de Tierra, serio, reservado, práctico, amante de las reglas y las leyes, tranquilo y poco comunicativo. Géminis es más bien ligero, versátil, y necesita comunicarse constantemente e intercambiar ideas con los demás.

Capricornio, para resolver sus problemas necesita calma, silencio y soledad que le permitan concentrarse, y no soportará a un Géminis, cuyo discurso es imparable y que estará la mayoría del tiempo inquieto, lo cual le irritará sobremanera.

No obstante, pueden llegar a alcanzar cierta armonía si Géminis tiene la paciencia de escuchar a Capricornio sus problemas y preocupaciones sin dispersar en todas direcciones y dar la sensación de que no le escucha. Y Géminis debe aprender a no agobiar a su pareja con su insistente discurso.

CAPRICORNIO - CÁNCER

Una unión favorable que dará estabilidad a la vida en común.

Podemos decir que Cáncer y Capricornio constituyen la pareja ideal o bastante aproximada. En efecto, Capricornio aportará el sentido práctico y realismo material de los que carece el emocional Cáncer.

Cáncer encontrará en su pareja Capricornio a la persona ideal que le aportará estabilidad, fidelidad, confianza y apoyo.

La relación amorosa será armónica, sin grandes pasiones, sino más bien se construirá sobre una base sólida y duradera. Tal vez en algún momento Cáncer se sienta mal por el carácter poco sentimental y nada demostrativo de cariño de Capricornio, pero valorará más sus cualidades saturninas del sentido del deber y la responsabilidad.

La casa décima que ocupa Capricornio se identifica con el padre, y la casa cuatro, ocupada por Cáncer, con la madre. Por lo que ambos constituyen los polos opuestos ideales para formar una familia, que mantenga el equilibrio padre-madre en el hogar, algo necesario en la estabilidad y la disciplina propias de una pareja que desea tener hijos.

CAPRICORNIO - LEO

La relación entre estos dos signos no produce, en principio, resultados armónicos. Los dos conciben la vida de manera distinta. Leo es exuberante, optimista, alegre, le atraen los placeres y las diversiones. Capricornio, por el contrario, es pesimista, introvertido, reflexivo y materialista.

Leo necesita constantes reconocimientos des sus logros y conquistas, por pequeñas que estas sean, y no será Capricornio quien le levante el ánimo en este sentido.

Por todo lo dicho, es una relación que se torna difícil, pero puede haber armonía si se hace un gran esfuerzo de comprensión y respeto por entender el carácter del otro, cosa a lo que la Astrología puede ayudar bastante.

CAPRICORNIO - VIRGO

Entre estos dos signos existe bastante armonía, lo que hará que se pueda construir una relación sólida y duradera. El equilibrio que cada uno le aporta al otro contribuirá al bienestar y a la felicidad de ambos.

Virgo no busca en el matrimonio o la relación de pareja unos lazos basados en la pasión o en la sensualidad, sino que desea alcanzar una estabilidad y una seguridad. En definitiva, una unión basada en el amor, la fidelidad y respeto mutuo, lo que, con todas seguridad encontrará en Capricornio.

La seriedad, compromiso y fidelidad de Capricornio buscan que su pareja respete estas normas básicas de convivencia, pues se encontrará mucho mejor y será mucho más feliz si hay comprensión en la relación cotidiana: seguridad, economía familiar, trabajo y seriedad ante la vida y los demás. Virgo encontrará en su pareja todas estas cosas.

Es difícil que se produzca algún tipo de desacuerdo entre estos dos nativos.

Aunque podría producirse si Capricornio cede ante las pequeñas crisis melancólicas, y Virgo, siempre dispuesto a apoyarle moralmente con su raciocinio natural, deje de hacerlo o no encuentre la manera.

CAPRICORNIO - LIBRA

La estabilidad, seguridad y seriedad que son características de Capricornio entran en disonancia con el carácter voluble e inestable de Libra. Aunque es posible que, en algunas ocasiones, Libra se sienta atraído por la certeza de seguridad y estabilidad en el porvenir que le ofrece Capricornio.

También podríamos encontrar casos en los que quizá Capricornio, habiendo caído en la melancolía y depresión que a veces le provocan ciertos hechos o relaciones en la vida, crea encontrar, en la alegre, bella y complaciente Libra, a la persona ideal que necesita como pareja.

Sin embargo, aunque la pareja llegue a unirse, tarde o temprano surgirán desavenencias que será preciso subsanar.

Libra descubrirá que Capricornio, a pesar de ser una persona seria, honesta, concienzuda y fiel, le parecerá fría y distante, poca demostrativa de ternura y calor humano. Y no se sentirá satisfecho, pues necesita la admiración, el amor y cariño de su pareja, cosa que no sabrá darle Capricornio.

Capricornio, por su parte, no comprenderá el carácter sentimental de su pareja, a pesar de parecerle tan serio y razonable, y lo verá como una persona demasiado infantil. Tampoco entenderá muy bien su alegría, cosa que a veces le parecerá ridícula, ni verá muy bien su espontánea simpatía hacia los demás.

CAPRICORNIO - ESCORPIO

La relación entre estos dos signos puede llegar a ser armoniosa. Pues Capricornio ofrecerá seguridad y estabilidad a Escorpio, así como fidelidad y una cierta tranquilidad de espíritu.

Escorpio, por su parte, encontrará buena acogida en Capricornio, que valorará sus aptitudes científicas y su elevado ingenio.

No obstante, la relación sentimental puede no llegar a ser tan ideal, pues Escorpio no llevará bien la frialdad que, en este sentido, muestra Capricornio, ya que no encontrará en él una respuesta equivalente a sus constantes demostraciones de amor y cariño.

Para conservar un cierto equilibrio, Escorpio debe controlar un poco más sus excesos sexuales y emocionales; y Capricornio, acercarse un poco más a su pareja con alguna que otra demostración de amor.

CAPRICORNIO - SAGITARIO

A Sagitario lo rige el planeta Júpiter, el planeta generoso y expansivo del Zodiaco; y a Capricornio, Saturno, el restrictivo. Además, Sagitario es idealista y espiritual; y Capricornio se inclina un poco más hacia las cosas terrenas (Hablamos en general, ya que algunos tipos de Capricornio evolucionado son tremendamente espirituales y algunos Sagitario poco evolucionados, y que se identifican más con la parte animal del centauro, suelen ser más materialistas).

Podemos decir, no obstante, que en líneas generales, no son compatibles.

Al principio, Capricornio puede sentir que el carácter jovial de Sagitario le saca de su introversión y le alegra la existencia. Pero pronto llegará el choque. Capricornio no entenderá muy bien el sentido del humor de Sagitario, que a veces le parecerá hasta ridículo; y Sagitario no soportará la forma de ser introvertida de Capricornio.

La economía también será otro punto de fricción, ya que Sagitario no mirará los gastos, mientras que Capricornio los controlará con exceso.

Pueden llegar a entenderse si comparten los mismos ideales espirituales.

CAPRICORNIO - CAPRICORNIO

Una relación compatible debido a su idéntica forma de considerar la vida. En efecto, su seriedad, su fidelidad y la importancia que ambos otorgan al trabajo y a las normas de convivencia, pueden constituir las bases para una unión duradera y feliz.

Es posible, no obstante, que la relación llegue a una situación de aburrimiento y de falta de entusiasmo, pues ambos tienen tendencia a hacer tan seria y restrictiva la vida en común, que la monotonía podría llegar a asfixiar la convivencia. Además, si los dos sufren crisis de melancolía, afección propia de Capricornio, ninguno podrá consolar al otro.

En estos casos, conviene que salgan y se relacionen con gente positiva, en particular con aquellos que tengan un Júpiter fuerte en sus temas natales. O también es conveniente que tengan a su alrededor gente joven, alegre y sociable, que les impidan dedicarse por entero al trabajo y a los compromisos.

En resumen, una relación armoniosa, que necesita ciertos estímulos externos, bien de uno de los cónyuges que tenga en su tema natal un ascendente alegre y positivo, o bien de personas positivas, alegres, que les saquen un poco de la monotonía y la depresión en la que a veces caen.

CAPRICORNIO - ACUARIO

Es muy difícil que entre estos dos signos, ambos regidos por el frío Saturno, se establezca una relación de pareja. Ninguno de los dos posee atracción suficiente hacia el otro como para enamorarlo, debido a la naturaleza melancólica y restrictiva de Saturno.

No obstante, Capricornio se podría sentir atraído hacia la comprensión y disposición humanitaria de Acuario, quien le ayudará ofreciéndole su apoyo si se encuentra en una crisis de negativismo y melancolía.

Acuario, no muy dado a convencionalismos, se aburrirá con la compañía de alguien demasiado rígido, conservador y aferrado a lo tradicional como Capricornio.

Si llegan a atraerse hasta tal punto que surge el amor entre los dos, entonces la relación puede ser feliz y duradera, pues seguramente otros elementos del horóscopo pueden estar influyendo.

CAPRICORNIO - PISCIS

Dos signos que pueden llegar a complementarse debido a los elementos Agua y Tierra. Pero esto no significa que sea una unión ideal.

Capricornio aportará a la unión sentido práctico e iniciativa. Piscis, la sensualidad y la ilusión en los sueños y la fantasía

Es una relación que puede perpetuarse en el tiempo. Piscis encontrará en Capricornio seguridad, protección y buena administración. Capricornio, por su parte, encontrará en Piscis, la ternura, la comprensión y el consuelo necesario para sus crisis de tristeza y pesimismo que le atacan de vez en cuando.

La relación puede, no obstante, resentirse si Capricornio se muestra demasiado árido y no expresa los sentimientos tal como Piscis lo esperaría, o si Piscis se muestra demasiado soñador y sentimental y no pone para nada los pies en el suelo. Ambas tendencias, si se toma conciencia, pueden llegar a aminorarse para alcanzar una perfecta armonía en la pareja. De lo contrario, surgirán problemas que, en algunos casos, pueden causar bastantes molestias.

SALUD

Capricornio rige los huesos y las articulaciones en general; el pelo, las rodillas, la piel. Por efecto del signo opuesto, Cáncer, también puede tener algunos problemas de estómago. Por tanto, las aflicciones o malos aspectos de los planetas sobre este signo pueden llegar a producir las distintas dolencias que afectan a estas zonas del cuerpo:

Artrosis, artritis, reumatismo.
Eczemas.
Enfermedades de la piel.
Obstrucción estomacal.
Indigestión.
Gota.
Erisipela.
Fracturas de huesos.
Dolores.
Caídas.
Etc.

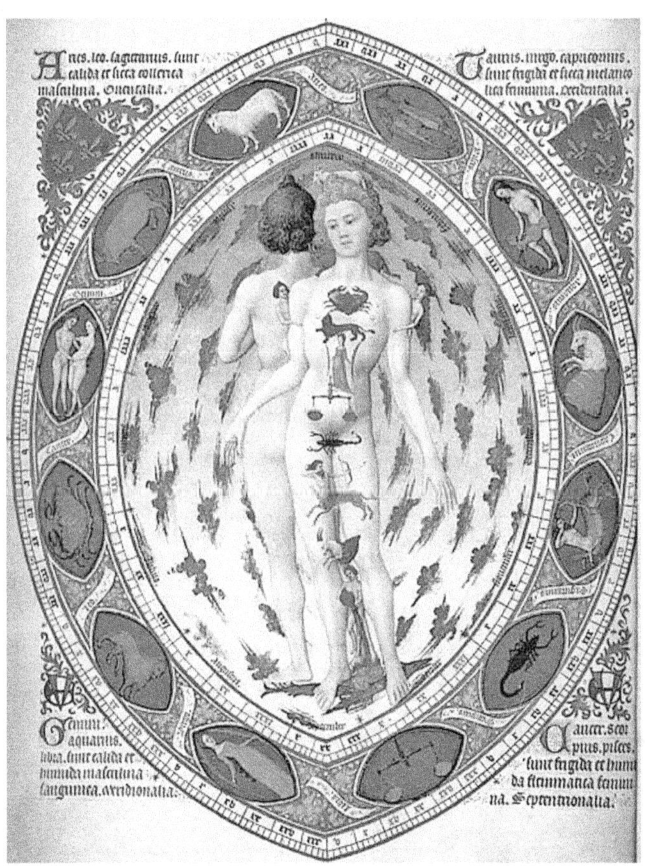

El hombre y el Zodiaco, de Paul Malouel, muestra las asociaciones de los Signos del Zodiaco con las distintas partes del cuerpo.

Por lo tanto, deberá tener especial cuidado con estas zonas de su cuerpo y prestarles más atención de lo normal, y no abusar sobrecargándolas o sobreexcitándolas.

Cuando se producen malos aspectos sobre Capricornio da lugar a todos los problemas relacionados con una mala administración de la energía de Saturno, planeta que rige el signo. Si quiere evitarlos, debe tener especial cuidado y tomar conciencia de cómo está trabajando dicha energía. Por ejemplo, la mala administración de esta energía se traduce por comportarse con los demás con los peores defectos del signo, como por ejemplo: crueldad y frialdad y avaricia. Deberá evitar estos comportamientos siempre que pueda, lo que se traducirá por un estado más saludable en general.

TRABAJO

Capricornio es el gran constructor, aquel que pone los cimientos de toda edificación material, el guardián de la Ley Cósmica, que hace que todo funcione de acuerdo con un patrón. Su potencial, está relacionado con todo esto.

Por lo tanto, le irán bien los empleos donde pueda desarrollar su habilidad práctica en la construcción material y en el funcionamiento de las leyes.

Así pues puede encontrarse a gusto en las siguientes profesiones: arquitecto, constructor, albañil, ingeniero, científico, juez, abogado, legislador, político, etc.

Los nueve Coros Angélicos se mueven en torno a la esfera central, que representa a la Divinidad.
Ilustración de Gustavo Doré para la obra de Dante Alligeri.*La Divina Comedia.*

ÁNGELES DE CAPRICORNIO

La esfera del Zodiaco mide 360 grados de longitud, que se divide entre los doce signos del Zodiaco, dando como resultado un espacio de 30 grados de longitud a cada signo.

Dentro de estos 30 grados tienen su domicilio y radio de acción 6 ángeles conocidos en la Tradición como genios de la Cábala, a razón de 5 grados por ángel.

Con respecto al signo de Capricornio, los nombres de estos ángeles son los siguientes:

De 0 a 5 grados de Capricornio (23 al 27 de diciembre) rige el ángel llamado Mebahiah.

De 5 a 10 grados de Capricornio (28 al 31 de diciembre) rige el ángel llamado Poyel

De 10 a 15 grados de Capricornio (1 al 5 de enero) rige Nemamiah.

De 15 a 20 grados de Capricornio (6 al 10 de enero) rige el ángel llamado Ieialel.

De 20 a 25 grados de Capricornio (11 al 15 de enero) rige el ángel llamado Harahel.

De 25 a 30 grados de Capricornio (16 al 20 de enero) rige el ángel llamado Mitzrael.

El nativo de Capricornio tendrá uno u otro ángel guardián dependiendo de la fecha en la que haya nacido dentro de este radio de acción, con él podrán comunicarse en cualquier momento para pedirle que le ayude en su acción cotidiana y cumplir así con el objetivo de su Yo Superior.

Las enseñanzas y virtudes que proporciona este ángel durante la vida del nativo son las siguientes:

MEBAHIAH, DEL 23 AL 27 DE DIC.

Aporta consuelo y hace realidad el deseo de tener hijos; elevada moralidad; ayuda a la propagación del bien y las ideas espirituales a través de todos los medios posibles; afán por cumplir sus deberes hacia Dios y hacia los hombres, asistiéndoles en el camino hacia la perfección; protección contra la mentira y la inmoralidad.

La esencia de su programa es:

LUCIDEZ INTELECTUAL. Y esta cualidad es la que más sobresaldrá durante toda la vida del individuo que haya nacido bajo su influencia.

Clave: *Conseguir que todos los proyectos tengan como premisa el bien de la Humanidad*

POYEL, DESDE EL 28 AL 31 DE DIC.

Concede cualquier cosa que necesite para su vida, sus estudios, su profesión, etc.; fama y fortuna debidos a su talento y a su conducta; conocimiento filosófico; modestia; moderación y buen humor que atraerán la admiración y la estima de todo el mundo; talento y conducta que le proporcionarán buena fortuna, aprendizaje de cualquier cosa del pasado, presente y futuro; protección contra la ambición, el orgullo y la tentación de elevarse presuntuosamente por encima de los demás.

La esencia de su programa es:

SOSTÉN, FORTUNA, TALENTO Y MODESTIA. Y esta cualidad es la que más sobresaldrá durante toda la vida del individuo que haya nacido bajo su influencia.

Clave: *Concede cualquier cosa que necesites en tu vida*

NEMAMIAH, DEL 1 AL 5 DE ENERO

Prosperidad en todas las cosas; hace que los prisioneros sean liberados; ayuda a los que combaten por una causa justa; ayuda a los inventores, sobre todo en la industria del acero; gusto por la carrera militar; grandeza de espíritu; capacidad para soportar las fatigas; protección contra la cobardía y la tentación de atacar a las personas indefensas.

La esencia de su programa es:

ENTENDIMIENTO O DISCERNIMIENTO. Y esta cualidad es la que más sobresaldrá durante toda la vida del individuo que haya nacido bajo su influencia.

Clave: *Prosperidad en todas las cosas y entendimiento para comprender el plan del Yo Superior.*

IEIALEL, DEL 6 AL 10 DE ENERO

Curación de enfermedades, especialmente el mal de ojo; energía para combatir la tristeza y consuelo para las penas; ayuda en los trabajos que se relacionen con el hierro, el acero y el metal; franqueza y bravura; confusión de los malvados y los falsos testigos; protege contra la cólera.

La esencia de su programa es: FORTALEZA MENTAL. Y esta cualidad es la que más sobresaldrá durante toda la vida del individuo que haya nacido bajo su influencia.

Clave: *Fortaleza para dominar las pasiones y los impulsos negativos.*

HARAHEL, DEL 11 AL 15 DE ENERO

Finalización de un periodo estéril; protección contra la esterilidad de las mujeres; respeto y sumisión de los hijos hacia los padres; descubrimiento de tesoros; buena organización de los fondos públicos, los archivos y las bibliotecas; ayuda a los comerciantes, a la imprenta, a la editorial, a la librería y a todos los negocios de comunicación; distinción por sus talentos y su fortuna; protección contra la quiebra, la ruina y la destrucción por incendios.

La esencia de su programa es:

RIQUEZA INTELECTUAL. Y esta cualidad es la que más sobresaldrá durante toda la vida del individuo que haya nacido bajo su influencia.

Clave: *Riqueza intelectual para poder escribir y expresar con éxito cualquier cosa.*

MITZRAEL, DEL 16
AL 20 DE ENERO

Curación las enfermedades del alma y de la mente; la liberación de los que nos persiguen; reconocimiento social de los talentos y las virtudes de la persona; fidelidad de los subalternos a los superiores; buenas cualidades de cuerpo y alma; buen humor y larga vida; protección contra la insubordinación.

La esencia de su programa es:

REPARACIÓN. Y esta cualidad es la que más sobresaldrá durante toda la vida del individuo que haya nacido bajo su influencia.

Clave: *Energía necesaria para curar y reparar aquello que lo necesita*[1].

---

[1] Para más información sobre el tema de los ángeles y la Astrología, véanse mis libros: *Ángeles protectores y Ángeles, las fuerzas ocultas del Universo,* publicados por esta editorial.

PERSONAS CÉLEBRES NACIDAS EN CAPRICORNIO

- Antonio López, 06-01-1936: pintor
- Ava Gardner, 24-12-1922: actriz
- Carla Bruni, 23-12-1967: modelo y cantautora
- Carolina Cerezuela, 14-01-1980: actriz
- Etienne Lenoir, 12-01-1822: ingeniero, creador del motor de combustión interna
- Henry Miller, 26-12-1891: escritor
- Iker Jiménez, 10-01-1973: periodista
- Imperio Argentina, 26-12-1906: actriz y cantante
- Jeff Bezos, 12-01-1964: fundador y presidente de Amazon.com
- Jesús del Pozo, 24-12-1946: diseñador de moda

- Joan Manuel Serrat, 27-12-1943: cantautor
- Jonathan Borofsky, 24-12-1942: pintor y escultor
- Juan Carlos I, 05-01-1938: rey de España
- Juan Ramón Jiménez, 24-12-1881: escritor
- Juan Trigo, 24-12-1944: ingeniero industrial y astrólogo
- Kevin Costner, 18-01-1955: actor
- Manuel Azaña, 10-01-1880: político y presidente de la Segunda República española
- Mel Gibson, 03-01-1956: actor
- Moncho Borrajo, 24-12-1949: actor y humorista
- Paz Vega, 02-01-1976: actriz
- Ricky Martin, 24-12-1971: cantante

TALISMANES

Los amuletos o talismanes de Capricornio deben fabricarse con todos o parte de los elementos relacionados con el signo. En particular, con las gemas, los metales y los colores. Por ejemplo:

Las gemas de la suerte de Capricornio son el ónix negro y hulla. El metal es el plomo. Así pues, se pueden fabricar amuletos con estos elementos y llevarlos encima, bien la piedra o metal a secas en un bolsillo o bien como colgante, llavero, etc. También se puede hacer una bolsita del color del signo, poner todos estos elementos dentro y llevarlo como amuleto.

Los colores de Capricornio son el negro y el gris oscuro. Por tanto, todo lo que sea de color gris oscuro o negro también favorecerá al nativo, ya sea ropas o cosas que destaquen este color.

El día de la semana en el que tendrá especialmente suerte será el sábado. En este día puede comenzar todo tipo de proyectos y acontecimientos en los que quiera tener un efecto favorable. Siempre que no sea para perjudicar al prójimo, claro está.

Sus números de la suerte son el 8 y el 10 y todos sus múltiplos.

Hay que tener en cuenta que un amuleto por sí solo no sirve para nada si no le acompaña una actitud positiva y favorable del individuo y un deseo de avanzar en un camino altruista y benevolente hacia los demás. De esta forma, atraerá a su vida las energías favorables procedentes de las entidades espirituales que operan en Capricornio.

OTROS TÍTULOS PUBLICADOS POR ESTA EDITORIAL

LA ESENCIA DE LOS DOCE SIGNOS DEL ZODIACO

Un libro esencial para conocernos a nosotros mismos mediante un estudio completo de cada signo del Zodiaco

ÁNGELES, LAS FUERZAS OCULTAS DEL UNIVERSO

Un estudio completo sobre la importancia de los ángeles en el Universo y en nuestra vida cotidiana, donde se dan a conocer sus nombres y sus funciones específicas.

EL MENSAJE OCULTO DE LOS ASTROS

Un manual completo de Astrología, tanto para el principiante como para el astrólogo avanzado. Extensa interpretación astrológica, y, además, se adentra en el tema de las Sinastrías, la Astrología médica y la Parte de la Fortuna, con muchos ejemplos interesantes.

CÓMO LEVANTAR UNA CARTA ASTRAL, Manual para principiantes.

Un manual para cualquier estudiante: sencillo, ameno y directo, donde se facilita al lector un guión para levantar cartas astrales e interpretarlas.

CÓMO INTERPRETAR UN HORÓSCOPO SIN AYUDA DE NADIE

Enseñanzas básicas para interpretar un horóscopo. Aprenda lo más necesario de su carta astral sin necesidad de hacer cursos interminables.

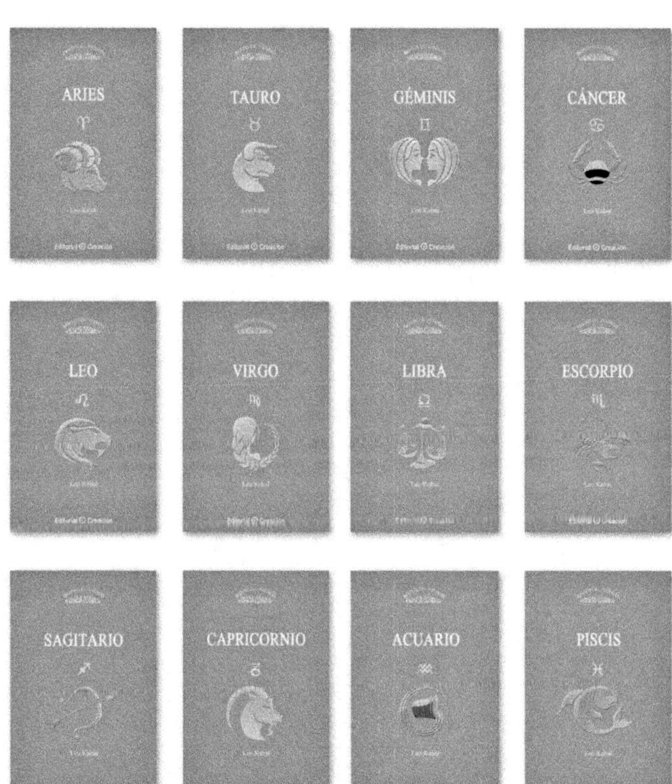

LOS 12 SIGNOS DEL ZODIACO
(ESENCIA CÓSMICA)

Una colección esencial, con un estudio
completo de cada signo: personalidadad, afinidades
e incompatibilidades en al amor, salud, trabajo, ángeles
y fuerzas de los astros, etc.

www.ingramcontent.com/pod-product-compliance
Lightning Source LLC
LaVergne TN
LVHW051311200726
843510LV00010B/1363

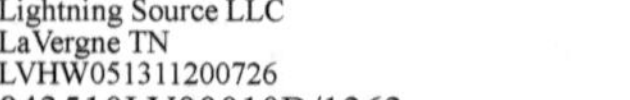